AF336013

EXTRAIT DU CÉRÉMONIAL

RELATIF

AU SACRE ET AU COURONNEMENT

DE

LEURS MAJESTÉS IMPÉRIALES.

SECTION IV.

Des Cérémonies du Sacre et du Couronnement.

ARTICLE Ier

LE Pape partira des Tuileries à neuf heures du matin et l'Empereur à dix.

I I.

Une salve d'artillerie annoncera le départ de S. M. du palais des Tuileries, et une seconde son arrivée à l'archevêché.

I I I.

Deux heures avant son arrivée dans l'église, tous les Corps et Fonctionnaires désignés pour assister à la cérémonie, seront rendus à l'église et occuperont les places qui leur seront indiquées par les Maîtres et Aides des cérémonies.

(2)

IV.

Pendant que l'Empereur se revêtira, à l'archevêché, de ses habits et ornemens impériaux, S. S. fera les prières accoutumées et dira les tierces.

V.

Les Dames du palais, les Dames des Princesses, les Officiers civils des Princes et ceux des Princesses, qui ne les suivront pas dans la nef, se rendront de l'archevêché dans les tribunes qui leur seront destinées.

VI.

Lorsque l'Empereur sera revêtu de ses ornemens impériaux, il reviendra de l'archevêché par la galerie au portail de l'église, à l'entrée de laquelle il sera reçu par les Cardinaux, Archevêques et Évêques français, précédés du Maître des cérémonies ecclésiastiques et de ses Adjoints.

VII.

Dans cette marche de l'archevêché à l'église, on observera l'ordre suivant, avec dix pas de distance entre chaque groupe:

Les Huissiers, sur quatre de front;

Les Hérauts d'armes, sur deux de front;

Le Chef des Hérauts d'armes;

Les Pages, sur quatre de front;

Les Aides des cérémonies;

Les Maîtres des cérémonies;

Le grand Maître des cérémonies ;

Le Maréchal Sérurier, portant l'anneau de l'Impératrice sur un coussin ;

Le Maréchal Moncey, portant la corbeille qui doit recevoir le manteau de l'Impératrice ;

Le Maréchal Murat, portant, sur un coussin, la couronne de l'Impératrice ;

A la droite et à la gauche de chacun de ces trois grands Officiers, un Chambellan ou un Écuyer de l'Impératrice ;

L'Impératrice avec le manteau impérial, mais sans anneau et sans couronne ;

Les Princesses soutenant son manteau ;

Le premier Écuyer et le premier Chambellan de l'Impératrice, l'un à sa droite, l'autre à sa gauche, et un peu en arrière de la Princesse, qui marchera la première ; le manteau de chaque Princesse sera soutenu par un Officier de sa maison ;

La Dame d'honneur et la Dame d'atours de l'Impératrice ;

Le Maréchal Kellermann, portant la couronne de *Charlemagne* ;

Le Maréchal Pérignon, le sceptre de *Charlemagne* ;

Le Maréchal Lefebvre, l'épée de *Charlemagne* ;

Le Maréchal Bernadotte, le collier de l'Empereur ;

Le Colonel général Beauharnais, l'anneau de S. M. ;

Le Maréchal Berthier, le globe impérial ;

(4)

Le grand Chambellan, portant la corbeille destinée à recevoir le manteau de l'Empereur ;

A la droite et à la gauche de chacun de ces grands Officiers, un Chambellan ou un Aide-de-camp de S. M. ;

L'Empereur, portant dans ses mains le sceptre et la main de justice, et la couronne sur la tête ;

Les Princes et Dignitaires soutenant le manteau de l'Empereur ;

Le grand Écuyer, le Colonel-général de la garde, de service, et le grand Maréchal, tous les trois de front ;

Les trois autres Colonels généraux de la garde prendront place, pendant la marche et autour du trône, parmi les Maréchaux de l'Empire ;

Les Ministres, sur quatre de front ;

Les grands Officiers militaires, *idem.*

VIII.

Lorsque LL. MM. seront arrivées au portail, un Cardinal présentera l'eau bénite à l'Impératrice ; le Cardinal Archevêque la présentera à l'Empereur : ils complimenteront LL. MM., et les conduiront chacune processionnellement, sous un dais porté par des Chanoines, jusqu'à la place qu'elles doivent occuper dans le chœur.

IX.

La marche, depuis le portail jusqu'à l'entrée du chœur, en tournant à la droite du trône, continuera dans le même ordre ; mais les Ministres et les grands Officiers militaires qui suivent l'Empereur, tourneront à gauche du trône, et iront se placer sur les gradins, près de ce trône, dès que le cortége de LL. MM. sera passé.

X.

En arrivant à la porte du chœur, les Huissiers, et successivement les Hérauts d'armes, les Pages, les Aides et un Maître des cérémonies, et les Officiers civils, s'arrêteront et borderont la haie à droite et à gauche dans la nef.

X I.

Lorsque le cortége impérial sera entré dans le chœur, la partie qui sera restée dans la nef, se rangera en ordre inverse par la contre-marche, de manière à se trouver placée dans l'ordre ci-dessus détaillé, pour accompagner LL. MM. lorsqu'elles iront au grand trône.

XII.

Le reste du cortége continuera sa marche depuis la porte du chœur jusqu'aux degrés du sanctuaire.

X I I I.

Avant d'arriver à ces degrés, les grands Officiers qui précèdent l'Impératrice, se rangeront à gauche, et ceux qui précèdent l'Empereur, se rangeront à droite, pour laisser passer LL. MM. dans le sanctuaire ; ces grands officiers reprendront ensuite les places qui seront plus bas indiquées.

XIV.

L'Empereur et l'Impératrice iront se placer sur leurs fauteuils, dans le sanctuaire, sous le dais ; l'Impératrice à la gauche de l'Empereur.

XV.

Les places autour des trônes de LL. MM. seront disposées ainsi qu'il suit :

Derrière l'Empereur, les deux Princes et les deux grands Dignitaires ;

Derrière les Princes, le Colonel général de la garde, le grand Maréchal et les deux grands Officiers qui portent l'anneau et le collier de l'Empereur ;

A droite des Princes, et en obliquant en avant, le grand Chambellan et le grand Écuyer ;

Derrière eux, deux Chambellans ;

Derrière l'Impératrice, les Princesses ;

Derrière les Princesses, les trois grands Officiers qui portent l'anneau, le manteau et la couronne de l'Impératrice ;

A gauche des Princesses, et en obliquant en avant, la Dame d'honneur, la Dame d'atours, le premier Écuyer et le premier Chambellan de l'Impératrice ;

Le grand Maître des cérémonies à la droite près de l'autel ;

Le Maître des cérémonies à gauche près du trône du Pape et de l'autel.

X V I.

Lorsque LL. MM. seront ainsi placées , les grands Officiers qui portent le globe impérial et les honneurs de *Charlemagne*, iront se ranger de front en face de l'autel, au bas de la dernière marche du sanctuaire.

X V I I.

Au moment où LL. MM. entreront dans le chœur, le Pape descendra de son trône, ira à l'autel, et commencera le *Veni creator*.

X V I I I.

Pendant cette hymne, l'Empereur et l'Impératrice feront leur prière sur leur prié-dieu, et se leveront; l'Archi-chancelier passera à la droite de l'Empereur, saluera successivement l'autel et S. M., s'approchera assez pour que l'Empereur lui remette la main de justice; et sans tourner le dos ni à S. M. ni à l'autel, il reculera à droite et en avant du grand Chambellan.

L'Archi-trésorier suivra la même marche, recevra le sceptre, et ira se placer à gauche et au-dessous de l'Archi-chancelier, entre lui et le grand Chambellan.

Après lui, le grand Électeur ôtera la couronne, et ira se placer à la droite de l'Archi-chancelier.

Le grand Officier qui doit porter le collier, s'approchera du grand Chambellan, qui ôtera le collier, et le lui remettra.

Le grand Chambellan, le grand Écuyer & deux Chambellans s'approcheront ensuite, détacheront le manteau, le ploieront sur leurs corbeilles, et iront reprendre leurs places.

Le Connétable s'approchera de même ; l'Empereur tirera son épée et la lui remettra : le Connétable ira se placer à gauche du grand Électeur, entre lui et l'Archichancelier.

Enfin, le grand Officier qui doit porter l'anneau, ira le recevoir des mains du grand Chambellan, et se placera à sa gauche et à celle du grand Écuyer.

Pendant ce temps, le grand Officier qui doit porter la couronne de l'Impératrice, s'approchera à sa gauche ; la Dame d'atours ôtera la couronne, et la donnera au grand Officier, qui ira se placer à la gauche de la Dame d'honneur.

La Dame d'honneur, la Dame d'atours et l'Officier qui porte la corbeille du manteau de l'Impératrice, s'approcheront, détacheront le manteau de l'Impératrice, le ploieront sur leurs corbeilles, et iront reprendre leurs places.

Enfin, le grand Officier qui doit porter l'anneau, s'approchera pour le recevoir des mains de la Dame d'honneur, et ira se placer à sa gauche et à celle de la Dame d'atours.

X I X.

Les grands Dignitaires et les grands Officiers ci-dessus

désignés, iront successivement porter sur l'autel les ornemens impériaux dans l'ordre suivant :

La couronne de l'Empereur,

L'épée,

La main de justice,

Le sceptre,

Le manteau de l'Empereur,

Son anneau;

La couronne de l'Impératrice,

Son manteau,

Son anneau.

Ces grands Officiers iront reprendre ensuite successivement leurs places derrière le fauteuil de LL. MM.

Les grands Officiers qui portent le globe impérial et
les ornemens de Charlemagne resteront toujours à leurs
places.

X X.

Lorsque le souverain Pontife aura chanté le *Veni
Creator*, il fera à l'Empereur la demande, *Profiterisne &c.* :
l'Empereur, en touchant des deux mains le livre des
Évangiles que le grand Aumônier lui présentera, répon-
dra, *Profiteor*.

X X I.

On chantera les prières et litanies, pendant lesquelles
LL. MM. resteront sur le petit trône; seulement elles

se mettront à genoux en s'inclinant pendant que S. S. récitera les trois versets *Ut hunc famulum tuum &c.*

SACRE.

XXII.

Le grand Aumônier de France, le premier des Cardinaux français Archevêques, le plus ancien Archevêque et le plus ancien Évêque français, se rendront auprès de LL. MM., leur feront une inclination profonde, et les conduiront au pied de l'autel pour y recevoir l'onction sacrée; personne ne les suivra dans cette marche.

XXIII.

LL. MM. se mettront à genoux au pied de l'autel sur des carreaux.

XXIV.

S. S. fera à l'Empereur et à l'Impératrice une triple onction, l'une sur la tête, les autres aux deux mains.

XXV.

Après cette cérémonie, LL. MM. seront reconduites sur leur petit trône par les mêmes Cardinaux, Archevêques et Évêques qui les auront été chercher.

XXVI.

Les onctions de l'Empereur seront essuyées sur le petit trône par le grand Chambellan, qui remettra au grand Aumônier le linge dont il se sera servi; la Dame

d'honneur qui essuiera les onctions de l'Impératrice, remettra de même au premier Aumônier de S. M. le linge
qui aura essuyé cette onction.

XXVII.

Pendant ce temps, S. S. commencera la messe et la
continuera jusqu'au graduel inclusivement.

COURONNEMENT.

XXVIII.

S. S. bénira les couronnes de l'Empereur et de l'Impératrice, l'épée, les manteaux et les anneaux, et prononcera les prières qui accompagnent ces bénédictions ; pendant cette cérémonie, LL. MM. resteront assises sur le
petit trône.

XXIX.

Les bénédictions étant faites, LL. MM. se rendront
de nouveau au pied de l'autel, conduites par les mêmes
Cardinaux, Archevêques et Évêques qui les auront ac-
compagnées aux onctions : l'Archi-chancelier, l'Archi-
trésorier, le grand Chambellan, le grand Écuyer et
deux Chambellans suivront l'Empereur à l'autel, et se placeront derrière lui ; la Dame d'honneur et la Dame
d'atours suivront l'Impératrice à l'autel, et se placeront
derrière elle ; toutes les autres personnes du cortége
resteront chacune à leurs places.

XXX.

La tradition des ornemens de l'Empereur se fera dans
l'ordre suivant :

L'anneau ,

L'épée ,

Le manteau ,

La main de justice ,

Le sceptre ,

La couronne.

Le Pape fera successivement la prière analogue à
chacun d'eux.

XXXI.

La tradition des ornemens de l'Impératrice aura lieu
dans l'ordre suivant :

L'anneau ,

Le manteau ,

La couronne.

Le Pape prononcera la prière analogue à chacun de
ces ornemens.

L'Impératrice recevra à genoux la couronne, que l'Empereur placera sur sa tête.

Chacun des Princes, Dignitaires et grands Officiers,
recevra ultérieurement des instructions détaillées sur cette
partie du cérémonial.

XXXII.

Le Saint-Père se levera de son siége ; et assisté de

(13)

ses Cardinaux, il conduira solennellement l'Empereur
et l'Impératrice au grand trône au fond de l'église.

XXXIII.

L'Impératrice quittera l'autel pour aller au grand trône;
les grands Officiers qui la précèdent, les Princesses,
les Dames et les Officiers qui la suivent, reprendront
le même ordre dans lequel ils étaient venus du portail
au chœur; les Princesses soutiendront son manteau.

A la porte du chœur, les Officiers civils, le Maître, les
Aides des cérémonies, les Pages, les Hérauts d'armes, les
Huissiers, reprendront aussi leur ordre, et marcheront jusqu'au trône, bordant la haie à mesure qu'ils en approcheront.

Les grands Officiers qui portent les honneurs de l'Impératrice, et les Officiers civils qui les accompagnent,
monteront les degrés du trône en passant par le couloir
de la droite, et se placeront derrière le trône dans l'ordre
qui sera indiqué ci-après.

XXXIV.

L'Empereur, entouré des Princes et Dignitaires,
précédé des grands Officiers qui portent ses honneurs
et ceux de *Charlemagne*, et suivi par le Colonel
général de la garde, le grand Écuyer, le grand Chambellan et le grand Maréchal, prendra des mains des
grands Dignitaires, le sceptre et la main de justice, et
marchera également au grand trône; les Princes et

Dignitaires soutiendront son manteau ; les grands Officiers qui portent ses honneurs se placeront, en arrivant, derrière le trône, ainsi que les Officiers civils qui les accompagnent ; les Aides-de-camp borderont la haie à droite et à gauche, sur les degrés du trône ; le grand Chambellan et le grand Écuyer se placeront sur des coussins au pied du trône ; les Princes et Dignitaires passeront à la gauche du trône pour occuper les places qui leur sont destinées ; le grand Maréchal et le Colonel général de la garde passeront par le couloir de la gauche pour se placer derrière l'Empereur.

XXXV.

Enfin, le Pape, précédé par le Maître des cérémonies et par des Cardinaux, et suivi par des Cardinaux, suivra l'Empereur jusqu'au grand trône.

XXXVI.

Lorsque S. S. y sera montée, que l'Empereur sera assis, et que chacun aura pris sa place à droite et à gauche autour de lui, le Pape dira la prière *In hoc Imperii solio &c.* Après avoir prononcé ces paroles, S. S. baisera l'Empereur sur la joue ; et se tournant vers les assistans, dira à haute voix, *Vivat Imperator in æternum !* les assistans diront, *Vive l'Empereur et l'Impératrice !*

XXXVII.

S. S. sera reconduite alors à son trône avec son

cortége par le grand Maître des cérémonies, précédée des Huissiers, des Hérauts d'armes, des Maîtres et Aides des cérémonies.

XXXVIII.

Dès que S. S. sera descendue du trône de l'Empereur, les Pages iront se placer sur les marches du trône.

XXXIX.

Les places autour du trône de l'Empereur seront disposées dans l'ordre suivant :

L'Empereur sur le trône;

Un degré plus bas à sa droite, l'Impératrice sur un fauteuil;

Un degré plus bas à la droite de l'Impératrice, entre les deux colonnes, les Princesses sur des chaises;

Derrière elles, la Dame d'honneur et la Dame d'atours;

A gauche de l'Empereur, et deux degrés plus bas, entre les deux colonnes, les deux Princes et les deux Dignitaires à leur gauche;

Derrière l'Empereur, le Colonel général de la garde, le grand Maréchal du palais, les quatre grands Officiers portant les honneurs de l'Empereur, à la droite du grand Maréchal, et les trois grands Officiers portant les honneurs de *Charlemagne*, à la gauche du Colonel général, s'étendant derrière les Princes; les Officiers civils de l'Empereur et des Princes derrière ces grands Officiers, tous debout.

X L.

Le Pape continuera la messe.

X L I.

A la fin de l'évangile, le grand Maître des cérémonies invitera le grand Aumônier, par une inclination, à se rendre à l'autel ; il y recevra du Diacre le livre des évangiles : accompagné par les Aumôniers de l'Empereur et les Aumôniers de l'Impératrice, précédé par le grand Maître, les Maîtres et Aides des cérémonies, il portera l'évangile à baiser à leurs Majestés, et le reportera ensuite à l'autel entre les mains du Diacre, toujours accompagné de la même manière.

X L I I.

A l'offertoire, le grand Maître des cérémonies fera une inclination profonde à leurs Majestés, pour les avertir de se rendre à l'offrande.

M.......... devant porter un cierge où seront incrustées treize pièces d'or ;

M.......... devant porter un autre cierge, avec même nombre de pièces d'or ;

M.......... devant porter le pain d'argent ;

M.......... devant porter le pain d'or ;

M.......... devant porter le vase,

Quitteront successivement leurs places par le couloir de droite, pour prendre, au bas des degrés du trône, ces diverses offrandes qui leur seront présentées.

Ceux d'entre eux qui se seraient trouvés placés derrière le trône, passeraient par les deux couloirs de droite et de gauche.

L'Empereur et l'Impératrice descendront en même temps du trône : l'Impératrice, suivie par les Princesses qui portent son manteau, par la Dame d'honneur, la Dame d'atours et par le grand Officier destiné à recevoir sa couronne, accélérera sa marche de manière à précéder l'Empereur au bas de l'escalier ; l'Empereur marchera plus lentement, suivi par les Princes et Dignitaires qui soutiennent son manteau, par son Colonel général, par son grand Maréchal, et précédé par son grand Chambellan et son grand Écuyer ; ainsi, en partant du bas des degrés du trône, la marche jusqu'au chœur se fera dans l'ordre suivant :

Les Huissiers,

Les Hérauts d'armes,

Les Pages,

Les Aides des cérémonies,

Les Maîtres des cérémonies,

Le grand Maître des cérémonies,

Les offrandes dans l'ordre ci-dessus indiqué,

L'Impératrice, suivie comme il a été dit ci-dessus,

Le grand Chambellan et le grand Écuyer de l'Empereur,

L'Empereur et sa suite, telle qu'on l'a dit plus haut.

XLIII.

En approchant de la porte du chœur, les mêmes personnes qui, dans la première marche, avaient bordé la haie, la borderont encore : l'Impératrice et l'Empereur continueront, avec le reste du cortége, leur marche jusqu'au pied de l'autel ; l'Impératrice se placera à gauche de l'Empereur, à genoux sur des coussins ; les personnes qui portent les offrandes se rangeront à leur droite et un peu en arrière en bordant la haie, le grand Maître des cérémonies à droite, un Maître des cérémonies à gauche. Les suites de l'Empereur et de l'Impératrice, en entrant dans le sanctuaire, quitteront les manteaux de LL. MM., et iront prendre dans le sanctuaire la place qu'elles occupaient pendant les cérémonies de l'onction et du couronnement. LL. MM. garderont leurs couronnes sur leurs têtes, prendront les offrandes, dans l'ordre indiqué pour la marche, des mains de ceux qui les portent, et les présenteront à S. S. ; elles iront ensuite s'asseoir sur leur petit trône.

XLIV.

A l'élévation, le grand Électeur ôtera la couronne de l'Empereur, et la Dame d'honneur celle de l'Impératrice.

X L V.

A l'*Agnus Dei*, le grand Aumônier ira recevoir le baiser de paix de S. S., *cum instrumento pacis*, et le portera à LL. MM.

X L V I.

Si LL. MM. communient, au moment de la communion, le grand Électeur et la Dame d'honneur ôteront les couronnes de LL. MM. ; LL. MM. se leveront de leur petit trône, et iront seules communier.

X L V I I.

Après la communion, LL. MM. retourneront au grand trône dans l'ordre qui aura été suivi pour aller à l'offrande.

X L V I I I.

Le Pape continuera la messe.

X L I X.

La messe finie, le grand Aumônier, averti par le grand Maître des cérémonies, apportera de nouveau à l'Empereur le livre des évangiles et se tiendra debout à la gauche de S. M. Le président du Sénat, ayant à sa droite le Président du Corps législatif et à sa gauche celui du Tribunat, apportera à S. M. la formule du serment constitutionnel : après la lui avoir présentée, ils se rangeront à la gauche du trône sur les trois premières marches, le grand Maître des cérémonies se tenant de l'autre côté de l'escalier, vis-à-vis le président du Sénat.

L.

L'Empereur, assis, la couronne sur la tête et la main levée sur l'Évangile, prononcera le serment.

L I.

Le chef des Hérauts d'armes, averti par l'ordre du grand Maître, dira ensuite d'une voix forte et élevée : *Le très-glorieux et très-auguste Empereur Napoléon, Empereur des Français, est couronné et intronisé; vive l'Empereur!* Les assistans répéteront le cri de *vive l'Empereur!* en y joignant celui de *vive l'Impératrice!* Une décharge d'artillerie annoncera le couronnement et l'intronisation de LL. MM.

LII.

Pendant ces acclamations, les Présidens du Sénat, du Corps législatif et du Tribunat, iront reprendre leurs places; le grand Aumônier retournera au chœur, et le Pape entonnera le *Te Deum*.

LIII.

Pendant le *Te Deum*, le Secrétaire d'état dressera le procès-verbal de la prestation du serment de l'Empereur; le grand Électeur appellera les Présidens du Sénat, du Corps législatif et du Tribunat, pour le signer; l'Archi-chancelier le présentera à la signature de l'Empereur, des Princes et des grands Dignitaires; le secrétaire d'état le fera signer par les grands Officiers, et l'Archi-chancelier le visera; la signature des autres assistans devra avoir lieu les jours suivans, à des heures indiquées, chez le Secrétaire d'état.

LIV.

Après cette formalité, le clergé reviendra au pied du trône avec le dais pour reconduire LL. MM.; lorsque le clergé sera en marche pour arriver au trône,

Les Huissiers,

Les Hérauts d'armes,

Les Pages,

Les Aides des cérémonies;

Les Maîtres des cérémonies,

Le grand Maître des cérémonies,

s'avanceront par la droite du trône pour rejoindre le portail et la galerie; les grands Officiers portant les honneurs de l'Impératrice passeront successivement par le couloir de la droite, descendront l'escalier, et iront reprendre leur ordre devant le dais de l'Impératrice. L'Impératrice descendra du trône, suivie des Princesses, de sa Dame d'honneur, de sa Dame d'atours, de ses Dames du palais, et des Officiers des Princesses.

Ensuite elle se mettra sous son dais, et continuera la marche jusqu'à l'archevêché.

Les sept grands Officiers qui porteront les honneurs de l'Empereur, passeront successivement par le couloir de gauche, et iront reprendre devant son dais le rang qu'ils occupaient en venant de l'archevêché à l'église.

L'Empereur reprendra des mains de l'Archi-chancelie

et de l'Archi-trésorier le sceptre et la main de justice, et descendra du trône, suivi par les Princes et Dignitaires qui portent son manteau, et par les grands Officiers qui le suivaient en venant à l'église : lorsqu'il sortira de la nef, les Ministres et les Maréchaux reprendront pareillement leur rang dans le cortége pour retourner à l'archevêché.

L V.

Lorsque LL. MM. seront rendues à l'archevêché, le Pape y sera reconduit aussi sous le dais par le clergé.

L V I.

Personne ne pourra sortir de l'église qu'après le départ du cortége de LL. MM. et de celui du Pape, excepté les personnes qui sortiront des tribunes de la Famille impériale pour rejoindre LL. MM. à l'archevêché.

Le grand Maître des cérémonies,

L. P. SÉGUR.

DE L'IMPRIMERIE IMPÉRIALE.
Frimaire an XIII.

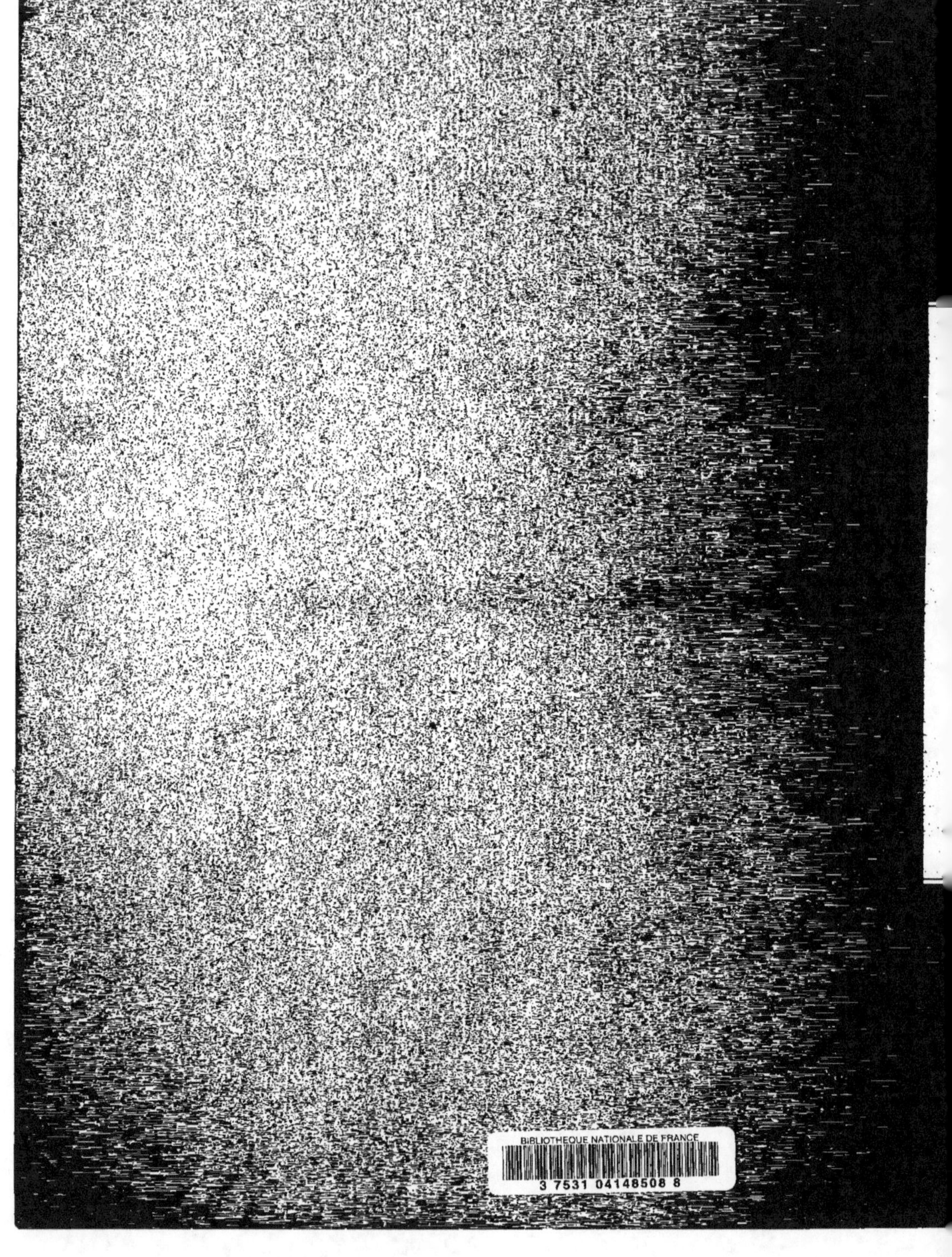

www.ingramcontent.com/pod-product-compliance
Lightning Source LLC
LaVergne TN
LVHW012320050726
842524LV00004B/1510